APPATS
NE PAS TOUCHER • TENIR HORS DE PORTÉE
DES ENFANTS ET DES ANIMAUX
ANTIVITAMINE K
ANTIDOTE : VITAMINE K_1
DANGEREUX

SARA

le rat musicien

Au 3, rue du Jardinet, en plein Quartier latin, à Paris, une porte close, des murs lépreux, recouverts de graffitis. C'est pourtant là qu'a vécu Camille Saint-Saëns, auteur du Carnaval des Animaux.

Mais ni les cygnes, ni les éléphants, ni les tortues n'ont entendu cette musique. Seuls les rats étaient là. Ils y sont toujours...

Et c'est l'un d'eux qui m'a raconté cette histoire.

ALBUMS
circonflexe

De la mort aux rats !
On en trouvait dans tous les coins de la cave.
Camille avait vu mourir ses frères.
Les rares survivants s'étaient enfuis vers les égouts.

Lui avait décidé de remonter au grand jour.
Les hommes refusaient de partager leur territoire.
Ils tuaient les rats à coup de pièges et de poisons.

Mais Camille voulait rencontrer celui dont il portait le nom. Il savait qu'il existait. C'était son père qui lui avait mis cette idée dans la tête. Lui-même la tenait de son grand-père qui la tenait de son arrière-grand-père et cela depuis très très longtemps. Cet homme avait mis les animaux en musique. Depuis cette époque, les rats de la rue du Jardinet étaient tous musiciens.

Dans une pièce gisaient
des instruments.
Il choisit une contrebasse
et en tira des sons dont
la gravité s'accordait
avec les sombres
sentiments qui pesaient
sur son cœur.

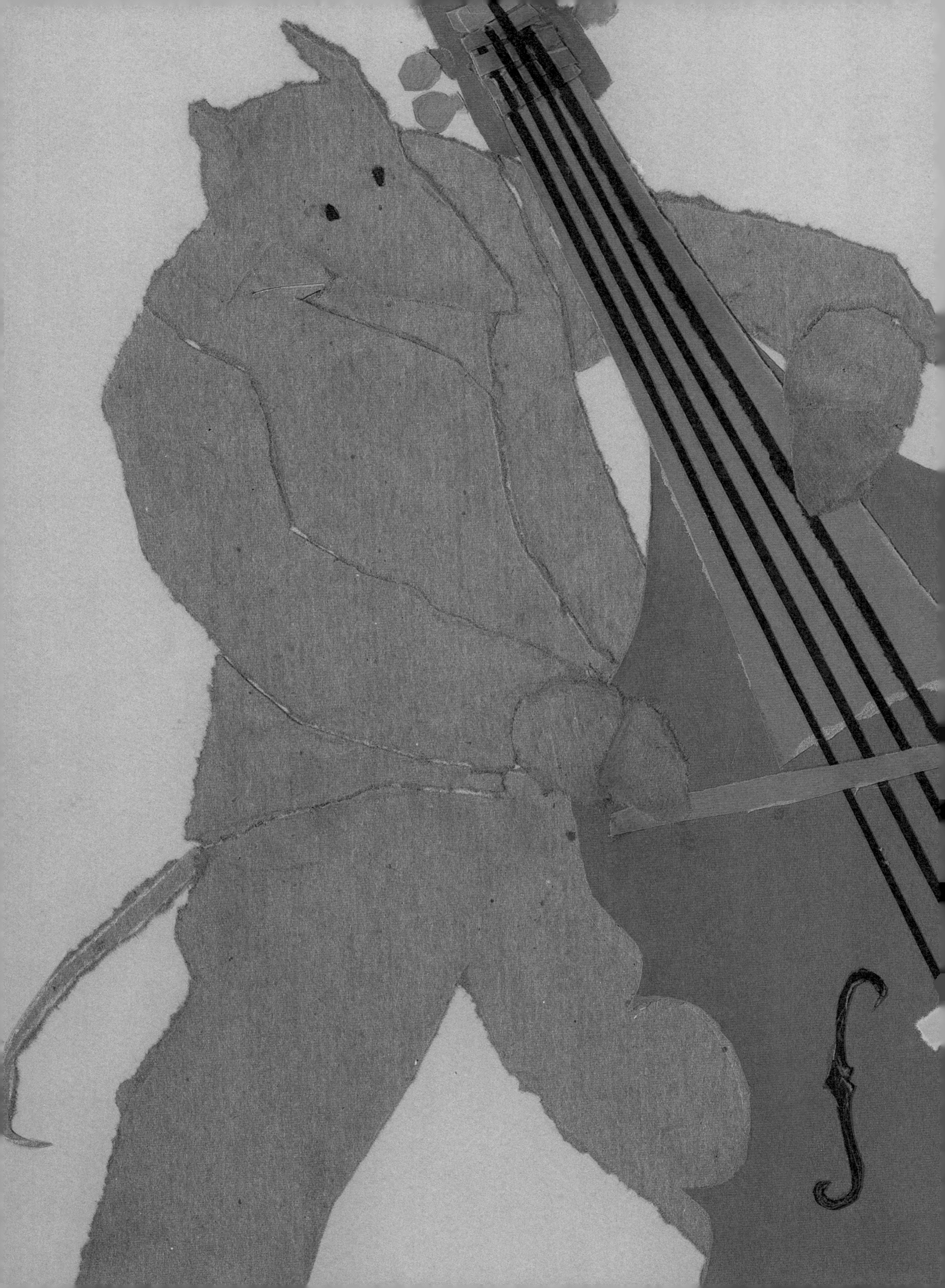

Poum pam pam
poum pam pam.

Camille retrouvait
ainsi la musique
de l'homme.

Soudain une cascade de sons
dégringola jusqu'à la cave.

Un piano !

Alle

retto

Il empoigna la contrebasse.
Le son venait de là-haut.

7

Avant de franchir le seuil, Camille s'arrêta.
Les notes du piano rythmaient
les battements de son cœur.
L'homme était-il revenu ?

La musique cessa brusquement.
On l’avait vu.

Alors le rat serra la contrebasse
contre lui… et reprit
le morceau de musique.
L’homme plongea
sur son piano et
ils jouèrent
ensemble
jusqu’au bout.

La contrebasse racontait la sourde, profonde
et difficile expression de l'animal

Le piano lui répondait, fluide et sonore
comme la parole de l'homme.

ISBN 2-87833-267-9
Imprimé en Espagne
Dépôt légal : septembre 2000
Loi n° 49-956 du 16 juillet 1949
sur les publications destinées à la jeunesse